Problem

	PRO		CON

Total PROs ☐	Total CONs ☐	Problem solved	Yes ☐	No ☐

Final Decision

Date: _____

Problem

	PRO		CON

Total PROs [ ]   Total CONs [ ]   Problem solved   Yes [ ]   No [ ]

Final Decision

Date :_____

Problem

	PRO		CON

Total PROs ☐	Total CONs ☐	Problem solved	Yes ☐	No ☐

Final Decision

Date :_____

Problem

	PRO		CON

Total PROs ☐   Total CONs ☐   Problem solved   Yes ☐   No ☐

Final Decision

Date :_____

Problem

	PRO			CON

Total PROs ☐	Total CONs ☐	Problem solved	Yes ☐	No ☐

Final Decision

Date :_____

Problem

	PRO		CON

Total PROs ☐   Total CONs ☐   Problem solved   Yes ☐   No ☐

Final Decision

Date :_____

Problem

	PRO		CON

Total PROs	☐	Total CONs	☐	Problem solved	Yes ☐	No ☐

Final Decision

Date : _____

Problem

	PRO		CON

Total PROs ☐	Total CONs ☐	Problem solved	Yes ☐	No ☐

Final Decision

Date :_____

	Problem

	PRO		CON

Total PROs [ ]   Total CONs [ ]   Problem solved   Yes [ ]   No [ ]

Final Decision

Date :_____

Problem

	PRO			CON

Total PROs [ ] Total CONs [ ] Problem solved Yes [ ] No [ ]

Final Decision

Date :_____

Problem

	PRO			CON

Total PROs ☐	Total CONs ☐	Problem solved	Yes ☐	No ☐

Final Decision

Date :_____

Problem

	PRO			CON

Total PROs ☐	Total CONs ☐	Problem solved Yes ☐ No ☐

Final Decision

Date :

Problem

PRO	CON

Total PROs [ ]   Total CONs [ ]   Problem solved   Yes [ ]   No [ ]

Final Decision

Date :_____

Problem

	PRO		CON

Total PROs [ ]   Total CONs [ ]   Problem solved   Yes [ ]   No [ ]

Final Decision

Date :_____

Problem

	PRO			CON	

Total PROs [ ]   Total CONs [ ]   Problem solved   Yes [ ]   No [ ]

Final Decision

Date :

Problem

	PRO		CON

Total PROs [ ]   Total CONs [ ]   Problem solved   Yes [ ]   No [ ]

Final Decision

Date :_____

Problem

PRO	CON

Total PROs [   ]   Total CONs [   ]   Problem solved   Yes [   ]   No [   ]

Final Decision

Date :

Problem

	PRO		CON

Total PROs [ ]   Total CONs [ ]   Problem solved   Yes [ ]   No [ ]

Final Decision

Date :_____

Problem

PRO	CON

Total PROs [ ]   Total CONs [ ]   Problem solved   Yes [ ]   No [ ]

Final Decision

Date :_____

Problem

	PRO		CON

Total PROs ☐   Total CONs ☐   Problem solved   Yes ☐   No ☐

Final Decision

Date : _____

Problem

PRO	CON

Total PROs [ ]   Total CONs [ ]   Problem solved   Yes [ ]   No [ ]

Final Decision

Date :_____

Problem

	PRO			CON

Total PROs ☐   Total CONs ☐   Problem solved   Yes ☐   No ☐

Final Decision

Date :_____

Problem

PRO	CON

Total PROs [ ]   Total CONs [ ]   Problem solved   Yes [ ]   No [ ]

Final Decision

Date :_____

Problem

	PRO			CON

Total PROs [ ] Total CONs [ ] Problem solved Yes [ ] No [ ]

Final Decision

Date :_____

Problem

	PRO			CON

Total PROs [ ]   Total CONs [ ]   Problem solved   Yes [ ]   No [ ]

Final Decision

Date : _____

Problem

	PRO			CON

Total PROs ☐   Total CONs ☐   Problem solved   Yes ☐   No ☐

Final Decision

Date :_____

Problem

	PRO		CON

Total PROs [ ]   Total CONs [ ]   Problem solved   Yes [ ]   No [ ]

Final Decision

Date :_____

Problem

	PRO			CON

Total PROs ☐	Total CONs ☐	Problem solved Yes ☐ No ☐

Final Decision

Date :_____

Problem

PRO		CON	

Total PROs [ ]   Total CONs [ ]   Problem solved   Yes [ ]   No [ ]

Final Decision

Date :_____

Problem

	PRO			CON

Total PROs ☐	Total CONs ☐	Problem solved	Yes ☐	No ☐

Final Decision

Date: _____

Problem

PRO	CON

Total PROs [ ]   Total CONs [ ]   Problem solved   Yes [ ]   No [ ]

Final Decision

Date :_____

Problem

	PRO			CON

Total PROs ☐ Total CONs ☐ Problem solved Yes ☐ No ☐

Final Decision

Date : _____

Problem

PRO	CON

Total PROs ☐   Total CONs ☐   Problem solved   Yes ☐   No ☐

Final Decision

Date :

Problem

	PRO			CON

Total PROs ☐   Total CONs ☐   Problem solved   Yes ☐   No ☐

Final Decision

Date :_____

Problem

PRO	CON

Total PROs [ ]   Total CONs [ ]   Problem solved   Yes [ ]   No [ ]

Final Decision

Date : _____

Problem

	PRO			CON

Total PROs ☐	Total CONs ☐	Problem solved Yes ☐ No ☐

Final Decision

Date :_____

Problem

	PRO		CON

Total PROs ☐	Total CONs ☐	Problem solved	Yes ☐	No ☐

Final Decision

Date :_____

Problem

	PRO			CON

Total PROs ☐   Total CONs ☐   Problem solved   Yes ☐   No ☐

Final Decision

Date :_____

Problem

	PRO		PRO

	PRO		CON

Total PROs ☐   Total CONs ☐   Problem solved   Yes ☐   No ☐

Final Decision

Date :_____

Problem

	PRO		CON

Total PROs ☐　　Total CONs ☐　　Problem solved　Yes ☐　　No ☐

Final Decision

Date :_____

Problem

PRO	CON

Total PROs [　]   Total CONs [　]   Problem solved   Yes [　]   No [　]

Final Decision

Date :_____

Problem

	PRO			CON

Total PROs ☐	Total CONs ☐	Problem solved	Yes ☐	No ☐

Final Decision

Date :_____

Problem

PRO	CON

| Total PROs ☐ | Total CONs ☐ | Problem solved Yes ☐ No ☐ |

Final Decision

Date :_____

Problem

	PRO		CON

Total PROs ☐	Total CONs ☐	Problem solved	Yes ☐	No ☐

Final Decision

Date :_____

Problem

PRO	CON

Total PROs ☐   Total CONs ☐   Problem solved   Yes ☐   No ☐

Final Decision

Date : _____

Problem

	PRO		CON

Total PROs ☐	Total CONs ☐	Problem solved Yes ☐ No ☐

Final Decision

Date :_____

Problem

PRO	CON

Total PROs [   ]   Total CONs [   ]   Problem solved   Yes [   ]   No [   ]

Final Decision

Date :_____

Problem

	PRO		CON

Total PROs ☐	Total CONs ☐	Problem solved	Yes ☐	No ☐

Final Decision

Date :_____

Problem

	PRO			CON

Total PROs ☐	Total CONs ☐	Problem solved	Yes ☐	No ☐

Final Decision

Date :_____

Problem

	PRO			CON

Total PROs ☐   Total CONs ☐   Problem solved   Yes ☐   No ☐

Final Decision

Date :_____

Problem

	PRO		CON

Total PROs [ ]   Total CONs [ ]   Problem solved   Yes [ ]   No [ ]

Final Decision

Date : _____

Problem

	PRO			CON

Total PROs ☐	Total CONs ☐	Problem solved	Yes ☐	No ☐

Final Decision

Date :_____

Problem

PRO	CON

Total PROs [ ]   Total CONs [ ]   Problem solved   Yes [ ]   No [ ]

Final Decision

Date :_____

Problem

	PRO			CON

Total PROs ☐	Total CONs ☐	Problem solved	Yes ☐	No ☐

Final Decision

Date :_____

Problem

PRO	CON

Total PROs ☐   Total CONs ☐   Problem solved   Yes ☐   No ☐

Final Decision

Date :_____

Problem

	PRO			CON

Total PROs [ ]   Total CONs [ ]   Problem solved   Yes [ ]   No [ ]

Final Decision

Date :_____

Problem

PRO	CON

Total PROs ☐   Total CONs ☐   Problem solved   Yes ☐   No ☐

Final Decision

Date : _____

Problem

	PRO			CON

Total PROs [ ]   Total CONs [ ]   Problem solved   Yes [ ]   No [ ]

Final Decision

Date :_____

Problem

	PRO			CON

Total PROs	☐	Total CONs	☐	Problem solved	Yes ☐	No ☐

Final Decision

Date : _____

Problem

	PRO			CON

Total PROs ☐	Total CONs ☐	Problem solved Yes ☐ No ☐

Final Decision

Date :_____

Problem

PRO	CON

Total PROs [ ]   Total CONs [ ]   Problem solved   Yes [ ]   No [ ]

Final Decision

Date :_____

Problem

	PRO			CON

Total PROs ☐	Total CONs ☐	Problem solved Yes ☐ No ☐

Final Decision

Date :_____

Problem

PRO	CON

Total PROs [ ] Total CONs [ ] Problem solved Yes [ ] No [ ]

Final Decision

Date :_____

Problem

	PRO			CON

Total PROs ☐   Total CONs ☐   Problem solved   Yes ☐   No ☐

Final Decision

Date :_____

Problem

PRO	CON

Total PROs [ ]   Total CONs [ ]   Problem solved   Yes [ ]   No [ ]

Final Decision

Date :

Problem

	PRO		CON

Total PROs		Total CONs		Problem solved	Yes		No	

Final Decision

Date :_____

Problem

PRO	CON

Total PROs ☐   Total CONs ☐   Problem solved   Yes ☐   No ☐

Final Decision

Date :_____

Problem

	PRO		CON

Total PROs ☐	Total CONs ☐	Problem solved	Yes ☐	No ☐

Final Decision

Date :_____

Problem

	PRO		CON

Total PROs	☐	Total CONs	☐	Problem solved	Yes ☐	No ☐

Final Decision

Date :_____

Problem

	PRO			CON

Total PROs ☐   Total CONs ☐   Problem solved   Yes ☐   No ☐

Final Decision

Date :_____

Problem

PRO	CON

Total PROs ☐   Total CONs ☐   Problem solved   Yes ☐   No ☐

Final Decision

Date : _____

Problem

	PRO		CON

Total PROs ☐   Total CONs ☐   Problem solved   Yes ☐   No ☐

Final Decision

Date :_____

Problem

	PRO			CON

Total PROs [ ]   Total CONs [ ]   Problem solved   Yes [ ]   No [ ]

Final Decision

Date :_____

Problem

	PRO			CON

Total PROs ☐   Total CONs ☐   Problem solved   Yes ☐   No ☐

Final Decision

Date :_____

Problem

PRO	CON

Total PROs [ ]   Total CONs [ ]   Problem solved   Yes [ ]   No [ ]

Final Decision

Date : _____

Problem

	PRO			CON

Total PROs [ ]   Total CONs [ ]   Problem solved   Yes [ ]   No [ ]

Final Decision

Date :_____

Problem

PRO	CON

Total PROs ☐   Total CONs ☐   Problem solved   Yes ☐   No ☐

Final Decision

Date :

Problem

	PRO			CON

Total PROs [ ]   Total CONs [ ]   Problem solved   Yes [ ]   No [ ]

Final Decision

Date :_____

Problem

PRO	CON

Total PROs [ ]   Total CONs [ ]   Problem solved   Yes [ ]   No [ ]

Final Decision

Date :_____

Problem

	PRO		CON

Total PROs		Total CONs		Problem solved	Yes		No	

Final Decision

Date :_____

Problem

	PRO		CON

Total PROs	☐	Total CONs	☐	Problem solved	Yes ☐	No ☐

Final Decision

Date :

Problem

	PRO			CON

Total PROs	☐	Total CONs	☐	Problem solved	Yes ☐	No ☐

Final Decision

Date :_____

Problem

PRO	CON

Total PROs [ ] Total CONs [ ] Problem solved Yes [ ] No [ ]

Final Decision

Date :_____

Problem

	PRO		CON

Total PROs ☐	Total CONs ☐	Problem solved	Yes ☐	No ☐

Final Decision

Date :_____

Problem

PRO		CON	

Total PROs ☐   Total CONs ☐   Problem solved   Yes ☐   No ☐

Final Decision

Date :_____

Problem

	PRO			CON

Total PROs [ ] Total CONs [ ] Problem solved Yes [ ] No [ ]

Final Decision

Date :_____

Problem

PRO		CON	

Total PROs	☐	Total CONs	☐	Problem solved	Yes ☐	No ☐

Final Decision

Date :_____

Problem

	PRO			CON

Total PROs ☐	Total CONs ☐	Problem solved Yes ☐ No ☐

Final Decision

Date :_____

Problem

PRO	CON

Total PROs [   ]   Total CONs [   ]   Problem solved   Yes [   ]   No [   ]

Final Decision

Date :_____

Problem

	PRO			CON

Total PROs ☐ Total CONs ☐ Problem solved Yes ☐ No ☐

Final Decision

Date :_____

Problem

PRO	CON

Total PROs [ ]   Total CONs [ ]   Problem solved   Yes [ ]   No [ ]

Final Decision

Date :_____

Problem

	PRO			CON

Total PROs ☐ Total CONs ☐ Problem solved Yes ☐ No ☐

Final Decision

Date :_____

Problem

PRO		CON	

Total PROs [ ]   Total CONs [ ]   Problem solved   Yes [ ]   No [ ]

Final Decision

Date :_____

Problem

	PRO		CON

Total PROs ☐	Total CONs ☐	Problem solved	Yes ☐	No ☐

Final Decision

Date :_____

Problem

	PRO		CON

Total PROs [ ]   Total CONs [ ]   Problem solved   Yes [ ]   No [ ]

Final Decision

Date :_____

Problem

	PRO		CON

Total PROs [ ]	Total CONs [ ]	Problem solved Yes [ ] No [ ]

Final Decision

Date :_____

Problem

PRO	CON

Total PROs [   ]   Total CONs [   ]   Problem solved   Yes [   ]   No [   ]

Final Decision

Date :_____

Problem

	PRO		CON

Total PROs ☐	Total CONs ☐	Problem solved	Yes ☐	No ☐

Final Decision

Date :_____

Problem

PRO		CON	

Total PROs [ ]   Total CONs [ ]   Problem solved   Yes [ ]   No [ ]

Final Decision

Date :_____

Problem

	PRO		CON

Total PROs ☐	Total CONs ☐	Problem solved	Yes ☐	No ☐

Final Decision

Date :_____

Problem

PRO		CON	

Total PROs ☐   Total CONs ☐   Problem solved   Yes ☐   No ☐

Final Decision

Date :_____

Problem

	PRO			CON

Total PROs [ ]   Total CONs [ ]   Problem solved   Yes [ ]   No [ ]

Final Decision

Date :_____

Problem

PRO	CON

Total PROs [ ]   Total CONs [ ]   Problem solved   Yes [ ]   No [ ]

Final Decision

Date : _____

Problem

	PRO			CON

Total PROs ☐   Total CONs ☐   Problem solved   Yes ☐   No ☐

Final Decision

Date :_____

Problem

PRO	CON

Total PROs [ ] Total CONs [ ] Problem solved Yes [ ] No [ ]

Final Decision

Date :_____

Problem

	PRO			CON

Total PROs [ ]   Total CONs [ ]   Problem solved   Yes [ ]   No [ ]

Final Decision

Date :_____

Problem

PRO	CON

Total PROs [ ]   Total CONs [ ]   Problem solved   Yes [ ]   No [ ]

Final Decision

Date :_____

Problem

	PRO			CON

Total PROs ☐	Total CONs ☐	Problem solved Yes ☐ No ☐

Final Decision

Date :_____

Problem

PRO	CON

Total PROs ☐   Total CONs ☐   Problem solved   Yes ☐   No ☐

Final Decision

Date :_____

Problem

	PRO			CON

Total PROs		Total CONs		Problem solved	Yes		No	

Final Decision

Date :_____

Problem

PRO	CON

Total PROs [ ]   Total CONs [ ]   Problem solved   Yes [ ]   No [ ]

Final Decision

Date :

Problem

	PRO		CON

Total PROs	☐	Total CONs	☐	Problem solved	Yes ☐	No ☐

Final Decision

Date :_____

Problem

PRO	CON

Total PROs [ ]   Total CONs [ ]   Problem solved   Yes [ ]   No [ ]

Final Decision

Date :_____

Problem

	PRO			CON

Total PROs [ ]   Total CONs [ ]   Problem solved   Yes [ ]   No [ ]

Final Decision

Date :_____

Problem

PRO	CON

Total PROs ☐   Total CONs ☐   Problem solved   Yes ☐   No ☐

Final Decision

Date :_____

Problem

	PRO		CON

Total PROs [ ]   Total CONs [ ]   Problem solved   Yes [ ]   No [ ]

Final Decision

Date :_____

Problem

	PRO		CON

Total PROs [ ]   Total CONs [ ]   Problem solved   Yes [ ]   No [ ]

Final Decision

Date :_____

Problem

	PRO			CON

Total PROs [ ]   Total CONs [ ]   Problem solved   Yes [ ]   No [ ]

Final Decision

Date :_____

Problem

	PRO			CON

Total PROs [ ]   Total CONs [ ]   Problem solved   Yes [ ]   No [ ]

Final Decision

Date :_____

Problem

	PRO		CON

Total PROs ☐   Total CONs ☐   Problem solved   Yes ☐   No ☐

Final Decision

Made in United States
North Haven, CT
30 March 2022

17694209R00070